THÈSE

POUR

LA LICENCE

Bizeul

UNIVERSITÉ IMPÉRIALE DE FRANCE. — ACADÉMIE DE RENNES.

FACULTÉ DE DROIT.

THÈSE POUR LA LICENCE

JUS ROMANUM. . . . . Quæ in fraudem creditorum facta sunt ut restituantur.

DROIT FRANÇAIS (Code Napoléon).. De l'exercice par les créanciers des droits et actions du débiteur. — De l'action Paulienne ou révocatoire.

Cette Thèse sera soutenue le samedi 29 janvier 1870

A DEUX HEURES DE L'APRÈS-MIDI

PAR M. BIZEUL (RAYMOND)

Né à Blain (Loire-Inférieure), le 4 novembre 1847.

EXAMINATEURS :

MM. DURAND, professeur ; GAVOUYÈRE, A. WORMS et MARIE, agreges

RENNES,

T HAUVESPRE, IMPRIMEUR-LIBRAIRE,

4, rue Impériale, et rue de Viarmes, 11.

1870

A MON PERE & A MA MERE

A MA FAMILLE

A MES AMIS

JUS ROMANUM

Quæ in fraudem creditorum facta sunt ut restituantur

(Dig. XLII, Tit. VIII).

PROŒMIUM

Cum prior romani juris cessit rigor, ita ut non ipsum debitoris corpus pecuniæ creditæ pignus fuerit omnia debitoris bona creditorum pignus facta sunt. Dominium tamen apud debitorem romansit et ideo non illi prohibebatur aut rem suam alienam facere, aut novas obligationes contrahere, aut proprios ipsius debitores liberare. Quia debeo, durum esset et iniquum bonorum meorum administrationem et alienationem perdidisse. Fidem creditoris debitores secuti sunt quippe nec pignus nec hypothecam petiverunt. Longe autem alia sententia sequenda est cum debitor in fraudem creditorum suum agit. Si omnia quæ patrimonio exeunt pignus minuere debent, necesse est ut debitor honeste agat nec ullam fraudem committat.

CAPUT PRIMUM

De Paulianæ actionis origine.

Jure civili ea etiam quæ fraudationis causâ gerebantur manebant in-concusso. Obnoxia solum erant creditæ pecuniæ, corpus debitoris addictione et nexu et res quæ in patrimonio ejus adhuc manserant. Una tantum exceptio exstabat quæ de manumissionibus lege Sentia sub Augusti regno prodita allata est. Is qui fraudem creditorum manumittit nihil agit, sed ipsa lex unum excipiebat casum quo dominus qui solvendo non erat servum unum hæredem necessarium instituebat ut ille notam infamiæ incurreret memoriæque defuncti parceretur.

Prætor autem non ita debitoris fraudulenter minui patrimonium passus est ; et Paulus actionem quæ ejus nomine Pauliana vocata est, introduxit his edicti verbis : « Quæ fraudationis causa gesta erunt, cum eo qui fraudem non ignoraverit de his curatori bonorum vel ei cui de eâ rectionem dare oportebit, intra annum, quo experiundi potestas fuerit, actionem dabo : idque etiam adversus ipsum qui fraudem fecit servabo. (n. t., L. I., Pr.) » Hæc actio Pauliana in personam erat et ad omnia quæ in creditorem facta erant pertinebat.

Erat ea quoque prætoria quippe a prætore introducta est, et in factum quia prætor, cum formulam dabat, non judicem de juris quæstione interpellabat, sed facta examinare jubebat quæ litem generavissent.

Non tantum actionem sed etiam interdictum fraudatorium creditoribus dederat prætor, si bonorum possessionem in fraudem dereliquisset debitor (de Solutionibus, L. 96, Pr.)

Dein Justinianus actionem in rem creditoribus dedit quæ in institutionibus sic indicatur : « Si quis in fraudem creditorum rem suam alicui tradiderit bonis ejus a creditoribus ex sententia præsidis possessis, permittitur ipsis creditoribus rescisa traditione eam rem petere, id est dicere eam rem traditam non esse, et ob id in bonis debitoris mansisse, » Inst., de Actionibus, § VI.

Nunc duæ hic quæstiones tractandæ sunt.

Prima quæstio. — Quomodo intelligendum esse potest plures fuisse vias quæ exditoribus paterentur.

Quoad legem Æliam Sentiam attinet de manumissionibus tantum loquebatur, nec proprie revocatoria dicta actio dari poterat, quippe libertas data non revocatur. Actio Pauliana in personam et in factum utilis erat et contra ipsum debitorem ut manus injectioni subjiceretur et adversus omnes qui vel fraudis conscii fuerant, vel ex causa lucrativa locupletiores facti erant.

Actio autem fictitia rescisoria in rem utilis ac necessaria erat cum debitor in fraudem ereditorum suorum alienaverat. Qui ea uti poterat adversus omnes agere valebat qui possidebant vel dolo fecerint quominus possiderent. Causam quoque secum afferebat qua creditor omnibus aliis possidentis creditoribus anteponebatur.

Denique interdictum non inutile est quia hæc possessio creditoribus restituebatur nec illis proprietatem sed tantum debitoris possessionem demonstrare satis erat. « Interdicta, ait Cujas, omnia sunt de possessione non de proprietate : ergo interdictum fraudatorium est de possessione. » Et Pothier : « in interdicto autem patet illud venire ut restituatur possessio rei in fraudem creditorum alienatæ. »

Secunda quæstio. — Nunc quærendum est quod fuerit uniuscujusque tempus. Non omnino scire possibile nobis apparet ; credendum est tamen primum ex ordine temporis interdictum fuisse. Erat autem interdictum inter duos jussum datum et sæpe antequam actionem auderet dare, dedit prætor interdictum ; inter duos jus dixit antequam edictum generale ediderit. De duobus Paulianis actionibus vel in rem vel in personam quæ prior venerit vix dici potest. Nonnulli tamen putaverunt actionem in rem a Justiniano creditoribus datam fuisse, ita ut non jure prætorio data esset. Sed non nostra sententia est. Animadvertendum est quamprimum fictitiam esse ac rescisoriam actionem quod sane prætoris actiones indicat. Si Justinianus eam introduxisset non fictionibus usus fuisset imperator. Denique prætor restitutionem in integrum omnibus dabat quoties revocandi justam causam habebat, et quæ fraudationis causa gesta erant non servabat. Sane nulla lex in Digestorum libris inscribitur quæ de hac actione spcialiter tractet; sed ita est hoc explicandum silentium quia juris communis consequentia hæc actio erat.

Si nunc legem Æliam Sentiam spectemus, post Paulianam actionem editam esse videmus. Diximus enim regnante Augusto propositam fuisse et jam in litteris suis Attico Marcus Tullius Cicero de Pauliana actione loquitur.

CAPUT SECUNDUM

Quæ concurrere oporteat ut gestum revocetur.

I. — *Ut illud sit quo patrimonium suum debitor diminuerit.*

Ulpianus docet edicti verba generalia esse et late patere et continere in se omnem omnino fraudem factam. Sive ergo rem alienaverit debitor, aut pro derelicto habuerit, sive per acceptilationem aut per pactum de non petendo debitorem liberaverit, sive passus fuerit litem mori vel a debitore non petierit ut tempore liberaretur sive tandem servitutem vel usufructum amiserit, palam est in his omnibus casibus actionem locum habere (L. I, § 2, n. t.).

Creditores contra non actionem Paulianam habebant quoties debitor non acquireret quod acquirendi facultatem habebat. Edictum autem pertinet ad diminuentes patrimonium suum non ad eos qui id agunt ne locupletentur (n. t., L. VI, Pr.).

Nonnulla sunt exempla quæ indicare est : vel si oblatam donationem non accipit debitor, vel si conditioni contractus non paret ita ut stipulationis beneficium ei non acquiretur, vel si hereditatem legitimam vel necessariam repudiat vel omittit ; et non alias·erat si necessarius heres prætori abstinendi facultatem petivisset et ab illo obtinuisset. Sic cum repudiabat legatum debitor, nam cum repudiatur retro suum non fuisse palam est. Propter eamdem causam qui universam ex senatusconsulto trebelliano remissit hereditatem nec sibi retinuit quartam partem ex Pegasiano senatusconsulto, placet non videri in fraudem ereditorum alienasse portionem quam retinere potuisset, sed magis fideliter fecisse, id est plenam fidem ac debitam pietatem defuncti secutum esse.

II. — *Ut qui a debitore accepit non suum receperit.*

Nihil dolo creditor facit qui suum recepit (L. 120, *de Regulis juris*). Apud omnes prudentes admissum erat eum qui suum reciperet nullam videri fraudem facere et etiam quamvis sciens prudensque solvendo non esse debitorem recepisset, non timere prætoris edictum. Sed secus, si post missionem in possessionem solveret debitor etiam vere debitum. Qui post bona possessa solutionem adeptus est, in portionem quod accepit cæteris creditoribus restituere debet (L. X, § 16). Tamen si cum in diem mihi deberetur, fraudator præsens solverit, prætor fraudem intelligit in illo tempore fieri (L. X, § 12, art. 446, § 3). Ea quoque sententia sequenda erat si debitor pignus vel hypothecam constituebat creditori in vetus debitum. Tum novus contractus interveniebat qui in fraudem creditorum reputabatur (L. X, § 13, Cf.; 446, Cod., § 4.)

III. — *Ut consilium fraudis adfuerit.*

Oportet ut locus sit actioni Paulianæ debitórem fraudandi animum habuisse. Quid nunc fraus est? Fraus intelligitur cum debitor sciens se non solvendo esse vel alienat vel sese obligat ; nec necesse est animum esse debitori injustum prejudicium creditoribus suis afferre. Quamvis non proponatur consilium fraudandi habuisse, tamen qui creditores habere se scit et universa bona sua alienavit, intelligendus est fraudandorum creditorum consilium habuisse. Diu disputaverunt prudentes an fraus requireretur cum de manumissionibus ageretur lege Ælia Sentia prohibitis. Gaius enim putabat fraudem non requiri et semper manumissionem nullum habere effectum si vel jam eo tempore quo manumittit debitor solvendo non est vel datis liberlatibus desiturus est solvendo esse. (L. X : qui et a quibus manumissi.) Alii autem putabant secundum juris communis regulas fraudem esse probandam. Prævaluisse videtur nisi animum quoque fraudandi manumissor habuerit, non impediri libertatem, quamvis bona ejus creditoribus non sufficiant.

Nunc videndum est in quibus personis fraus requiratur. Semper in debitoris persona exstaturam manifestum est ; sed quantum ad eos qui cum debitore tractaverunt distinguendum est. Ea longius exponentur cum de eis disseremus contra quos datur actio Pauliana.

IV. — *Ut fraus eventum habuerit.*

Fraus eventum habuisse videtur cum fraudatoris bona venierunt nec suffici pretium creditoribus. Itaque solummodo bonis venditis post missionem in possessionem potest Paulianam actionem obtinere creditor. Si vero fraudator heredem habuerit et heredis bona venierint, et creditores debitum acceperint, cessat actio quia non eorum interest res gestas revocari.

CAPUT TERTIUM

Quibus et adversus quos competit hæc actio.

I. — *Quibus competit hœc actio.*

Debitoris fraudulosi creditoribus hanc prætor dabat actionem, vel his qui in jus eorum successerunt. Sæpissime curator omnibus creditoribus fraudatis propositus qui omnium creditorum utilitate communes exercebat actiones a prætore instituebatur. Quid nunc de creditoribus hypothecariis? Dabimus eis actionem nam in iis generalibus edicti verbis comprehenduntur; neque nocere debet creditori sua industria quia sibi hypotheca caverunt.

Quid nunc de iis creditoribus qui tantum creditores facti sunt post fraudem debitoris? Credimus actionem esse denegandam : nulla enim erga eos fraus apparet nec ullum prejudicium. Non minuit debitor patrimonium suum quia in pecuniæ creditæ tempore jam minutum patrimonium erat. Sed ille excipiendus erat casus eum priores pecunia posteriorum dimissi probentur; id est cum pecunia quam posteriores crediderunt priores solutionem acceperunt. (L. 16, n. t.)

II. — *Adversus quos ea competit actio.*

Hic distinguendum est an oneroso titulo vel ex lucrativa causa acquisiverit ille qui cum debitore contraxerit. Si ex causa onerosa tractaverit qui contraxerit, fraudem ipsius non minus quàm eam debitoris probare cogentur creditores. Si nulla fraus est ex utraque parte ambo certant de damno vitando et in pari causa melior est causa possidentis. Si contra, ex lucrativo titulo aliquid acquisiverint etiam adversus nescios competit actio. Tum de lucro captando certabat donatarius, creditor de damno vitando, et ideo anteponendus est. Ea quoque dabatur actio adversus heredes, sed in id tantum quod locupletiores facti essent. Cum enim adversus conscium dabatur, nascebatur actio quasi delicto; pœnalis igitur est si non locupletior factus est. et ex actione non omnino transeunt heredes rei.

Quid vero de dote constituta? Requirendum est an dos causa onerosa vel lucrativa sit. Porro qui dotem dat donationem facit de his qui dotem recipiunt eâ distinctione utendum est : inter maritum et uxorem dotem ex onerosa causa constitutam esse videtur, etenim ad maritum omnia onera matrimonii incumbunt. Non igitur Pauliana actione tenebitur maritus etiam si fraudem sciret uxor; dotem vero inter uxorem et eum qui illam constituit ex causa lucrativa constitutam fuisse videtur. Tenebitur igitur Pauliana a actione uxor sive fraudem cognoverit, sive ignoraverit.

Exquirere nunc debemus an adversus ipsum debitorem competit actio. Mela non putabat actionem intendi posse quia in eum ex ante gesto post bonorum venditionem nulla tribuebatur actio, et in eum dari actionem cui bona ablata essent iniquum esse. (L. 25, n. t., § VII.) Sed vicit Venuleii sententia qui actionem in ipsum fraudatorem tribuebat (idque etiam adversus ipsum qui fraudem fecit servabo. (L. 1, Pr., n. t.) Sed exquiri potest cui proderit hæc actio quippe bonis suis exutus est debitor. Respondendum est gravissimas adhuc secum trahere consequentias quia tunc fraudator obnoxius erat manus injectioni.

Denique videndum est an ea competat actio adversus eum qui rem non ab ipso fraudatore acquisiverunt, sed ab illis qui cum debitore tractaverunt. Puta, quæro an secundus emptor vel acquisitor conveniri potest Controversias quasdam recepit hæc questio, sed vicit Sabini sententia quæ docuit bonæ fidei emptorem nonteneri, malæ autem fidei conveniri posse. (L. 9, n. t.). Credimus eos qui in iis casibus ex lucrativa causa acquisiverint semper actione Pauliana conveniri posse.

CAPUT QUARTUM

De Paulianæ actionis effectibus.

Ut iis Paulianæ effectibus studeamus, nonnullis distinctionibus utendum est.

I. — Fingamus Paulianam actionem adversus eum qui rem possidet a prætore dari. Rem ipsam restitueri debebit reus et ideo Pauliana actio inter eas quæ dicuntur arbitrariæ numerabatur.

Quid autem de fructibus? Secundum juris communis regulas exquirendum esset an bona vel mala fide possideret possessor. Ulpianus docet per hanc actionem rem restitui debere cum sua causa, id est cum omnibus fructibus suis. (L. X, § 19 et 20, t. n.) Et Paulus in Faviana et Pauliana actione fructus dicit omnes restituendos esse (nam et verbum *restituas* quod in hac re prætor dixit, plenam habet significationem, ut fructus quoque restituantur. Venuleius contra (l. XXV, § 6, n. t.) distinctione utitur : qui Paulianæ circumveniuntur, fructus post litem contestatam receptos atque eos qui alienationis tempore terræ coherebant, restituere debent. Credimus has duas leges inter se conciliari posse Venuleius de possessore bonæ fidei loquitur, Ulpianus Paulusque de malæ fidei possessore. Si possessor impensas in fundo qui petitur fecerit, necessarias repetere poterit omnes, utiles impensas, ut jure communi solet, neque restituere cogetur antequàm solverint creditorès.

II. — *Debitorem fraudator liberavit.*

Renascetur tum obligatio cum sua causa et cum suis modis ; omnes debitores quæ in fraudem creditorum liberantur per hanc actionem revocantur in pristinam obligationem. Sic novam vitam vivent hypothecæ et pignora : accessorium enim sequitur principale.

III. — *Sese debitor obligavit.*

Quod postea contractum est quam is cujus bona venerint consilium receperit fraudare sciente eo qui contraxerit, ne actio eo nomine detur. (D , L. 25, de Rebus auctoritate judicis.)

APPENDIX

Quamdiu competit hæc actio.

Pauliana actio ut aliæ prætoriæ actiones annalis est. Annus vero computatur utilis quo experiundi potestas fuit, id est, ex die factæ venditionis. Attamen post annum etiam de eo quod ad eum pervenit adversus quem actio movetur, competit : nam iniquum prætor putavit in lucro morari eum qui lucrum sensit ex fraude.

DROIT FRANÇAIS

(Code Nap., art. 1166, 1167 ; Code de comm., 445, 446, 447, 448.)

PREMIÈRE PARTIE

SECTION I.

De l'exercice par le créancier des droits et actions du débiteur.

§ 1.

Fondement et nature de ce droit.

Le droit qu'a le créancier d'exercer les droits et actions de son débiteur, est de sa nature un droit de gage. Il repose sur cette convention que la loi fait intervenir tacitement entre le débiteur et le créancier, à savoir que tous les biens du premier sont le gage de la créance du second. Et par le mot biens on entend ici tout ce qui compose le patrimoine du débiteur, ses biens mobiliers et immobiliers, les droits, actions et reprises qu'il peut posséder.

Toutefois, cet avoir, tout en étant le gage de ses créanciers, reste dans son patrimoine et livré à sa propre administration. Le créancier se repose sur son débiteur, dont il suit la foi. Si le patrimoine de celui-ci s'élève ou diminue, le gage de celui-là en fait autant. On conçoit dès lors que, livré ainsi à la discrétion de son débiteur, le créancier pourrait être souvent et gravement lésé. Aussi la loi est-elle venue à son secours. Tout créancier, dit-elle, peut exercer les droits et actions de son débiteur, sauf ceux attachés exclusivement à sa personne.

Ce droit, consacré par le législateur dans l'art. 1166, est présenté par lui comme une première dérogation au principe déposé dans l'art. 1165, à savoir que les conventions ne profitent ni ne nuisent aux tiers. Puis le législateur indique dans l'art. 1167, qui donne aux créanciers le droit de faire annuler les actes faits par leurs débiteurs en fraude de leurs droits, une seconde dérogation au même principe de l'art. 1165, qui enseigne que les conventions, de même qu'elles ne profitent pas aux tiers, ne doivent pas non plus leur nuire. Il y a là une double inexactitude que nous nous efforcerons de démontrer. Et d'abord dire que les créanciers peuvent exercer les droits et actions du débiteur, n'est point faire exception à la règle que les conventions ne profitent pas aux tiers. Le créancier, en effet, n'invoque pas la convention de son chef, *proprio nomine,* mais bien au nom et du chef de son débiteur, ce n'est pas comme tiers qu'il agit, mais seulement en sa qualité de mandataire légal de ce dernier: *jure alieno utitur.* La loi, en effet (art. 2092 et 2093), lui a donné en gage de sa créance tous les biens, droits et actions qui composent le patrimoine du débiteur. Et ne serait-ce pas lui retirer ce gage ou tout au moins le rendre illusoire que lui enlever les moyens de le conserver efficace et apte à le désinté-resser ?

Ensuite, et ici apparaît la seconde erreur du législateur, que prétendent les créanciers qui veulent faire annuler les actes de leur débiteur? Ils prétendent précisément que ces actes, ces conventions, ne doivent pas leur être opposés ni leur nuire, parce qu'ils sont demeurés tiers par rapport à eux. Leur droit, bien loin d'être une exception au principe de l'art. 1165, n'en est au contraire que l'application. Car si les créanciers doivent, en principe, subir les actes que fait leur débiteur, si ce dernier est sensé les représenter, tant qu'il gère son patrimoine selon les règles d'une bonne et loyale administration, il n'en peut être ainsi quand il devient de mauvaise foi, quand il compromet et détruit sciemment le gage de ses créanciers. Ceux-ci, dès lors, deviennent tiers par rapport à ses actes frauduleux, leur débiteur ne les représente plus. De là, l'art. 1167 : les créanciers peuvent aussi, en leur nom person-nel, attaquer les actes faits par leur débiteur en fraude de leurs droits.

SECTION II

Quels droits peuvent être ainsi exercés? — A quelles conditions ils peuvent l'être.

§ 1er.

Quels droits peuvent être exercés par les créanciers ?

Aux termes de l'art. 1166, les créanciers peuvent exercer tous les droits de leur débiteur, sauf ceux exclusivement attachés à la personne. Le texte n'indique point à quels caractères il faut se reporter pour savoir si un droit est oui ou non attaché à la personne. Plusieurs systèmes ont été proposés sur ce point ; les uns ont voulu rechercher si le droit était oui ou non transmissible aux héritiers, d'autres, au contraire, se sont préoccupés de la cessibilité ou de la non cessibilité du droit.

Avec **M. Marcadé**, nous pensons qu'il faut rechercher ailleurs le caractère des droits attachés à la personne. On peut distinguer en effet trois catégories de droits :

1° Les droits purement moraux ;

2° Les droits purement pécuniaires ;

3° Les droits présentant à la fois un caractère moral et pécuniaire.

1° Les droits purement moraux ne sont pas ceux visés par l'art. 1166. Sans aucun doute, les créanciers ne peuvent pas les exercer, mais c'est par un autre motif. Ils n'y ont point d'intérêt, et l'intérêt est la mesure des actions. C'est ainsi que l'exercice des droits de garde, de correction, d'éducation ne sauraient être conçus dans la personne du créancier.

2° Les droits purement pécuniaires ne sont pas non plus compris dans les derniers mots de l'art. 1166. Les créanciers peuvent, en effet, les exercer en principe. Cependant il en faudrait décider autrement pour les droits d'usage et d'habitation qui, ne pouvant être cédés ni loués, demeurent exclusivement attachés aux personnes auxquelles ils sont dus.

3° Viennent enfin les droits présentant un caractère moral et pécuniaire. Il n'y a pas de doute d'une part que les créanciers ne puissent avoir intérêt à exercer des droits de cette nature, puisqu'ils présentent pour eux un émolument pécuniaire. Mais, d'un autre côté, la loi devait leur en refuser l'exercice. Si les biens du débiteur et par conséquent ses droits pécuniaires sont le gage commun de ses créanciers, sa personne, ses sentiments échappent évidemment à tout gage de cette nature. On comprend donc que le droit du créancier s'arrête là où commence celui du débiteur.

S'il est facile de démontrer que les droits de cette espèce ne peuvent être exercés par les créanciers, il est plus difficile de préciser un signe bien certain à l'aide duquel les reconnaître, et l'on ne peut guère procéder que par énumération. Cependant on peut faire rentrer certainement dans cette dernière catégorie, toutes les actions relatives à l'état des personnes, le droit pour les cohéritiers d'exercer le retrait successoral, le droit de demander la révocation pour cause d'ingratitude, le droit de révoquer une donation entre époux faite pendant le mariage, et enfin les actions résultant des délits commis contre les personnes. Le Code s'est expliqué formellement sur le droit accordé à la femme de demander la séparation de biens. On sait que ce droit n'existe que dans le cas où la dot est en péril, et lorsque le désordre des affaires du mari donne lieu de craindre que ses biens ne soient pas suffisants pour remplir les droits et reprises de la femme. C'est ce qui a lieu dans l'hypothèse prévue par l'art. 1466. Mais hors ce cas, on n'autoriserait pas un créancier à venir troubler la paix du ménage pendant que la femme garde le silence.

On controverse au contraire et nous ne voulons examiner que les discussions qui divisent les auteurs sur deux questions importantes :

1° L'usufruit que la loi accorde au survivant des père et mère, ne peut-il être exercé que par les créanciers ? La négative nous paraît seule admissible. L'usufruit légal est un attribut de la puissance paternelle ; il doit être comme elle incessible et insaisissable. Et s'il en est un attribut, il est aussi une compensation des charges qu'elle entraîne. Le Code, dit M. Toullier, a voulu accorder aux père et mère une indemnité des peines, des soins et des responsabilités qu'entraînent l'éducation des enfants et l'administration de leurs biens. Il n'est pas juste que la garde des enfants ne soit qu'une charge pour leurs parents ; mais cette charge doit cependant être supportée et surtout appréciée par eux seuls, car il y aurait un immense inconvénient à permettre à un créancier étranger de fixer les dépenses de l'enfant, et l'on ne peut proposer de les laisser à l'arbitrage des père et mère, car le droit du créancier deviendrait alors illusoire.

La seconde question est celle de savoir si les créanciers peuvent exercer pour la femme le retrait d'indivision. Contre M. Troplong, MM. Aubry et Rau et Duranton enseignent l'affirmative à l'aide d'irréfutables arguments. C'est en vain que nous cherchons ici un intérêt moral qui justifie la solution contraire. Il s'agit de savoir si la femme doit ou non acquérir le bien dont une partie a été acquise par le mari. C'est une question toute pécuniaire. Cette solution est encore fortifiée par l'article 1446, qui accorde aux créanciers de la femme la faculté d'exercer les droits de leur débitrice en cas de faillite ou de déconfiture du mari.

Nous terminerons cette première partie de notre travail en faisant observer qu'il ne faut pas confondre cette hypothèse avec celle où le créancier jouit en son propre nom d'une action directe contre celui qu'il aurait pu poursuivre du chef de son débiteur. La loi nous indique trois exemples : le propriétaire peut agir directement contre le sous-locataire (art. 1753); les ouvriers peuvent agir directement contre celui qui fait construire (art. 1798), et enfin le mandant contre celui que le mandataire s'est substitué. L'intérêt de la distinction est multiple, car alors :

1° Il n'y a pas besoin de subrogation judiciaire.

2° Les créanciers n'auront pas à subir le concours des autres créanciers de leur débiteur.

3° Les tiers ne pourront opposer aux créanciers les compensations ou paiements qu'ils pourraient opposer à leur débiteur.

§ 2.

A quelles conditions peuvent être exercés les droits des créanciers?

Nous citerons quatre conditions, dont trois sont généralement reconnues:

1° Il faut que la créance soit exigible. Les créanciers à terme et les créanciers sous condition ne peuvent invoquer le bénéfice de l'art. 1166. Car s'il leur est permis de faire des actes conservatoires pour la sûreté de leur créance, ils ne peuvent pas l'exercer *hic et nunc*. Qui a terme ne doit rien, dit un vieil adage de droit, ce qui veut dire que jusqu'à l'arrivée du terme ou l'événement de la condition, toutes les actions de créancier à débiteur restent en suspens.

2° Il faut que le créancier soit impayé. En effet, si les créanciers à terme et sous condition n'ont pas le bénéfice de l'art. 1166, c'est qu'ils ne sont pas impayés, puisque nul paiement ne leur est encore dû ; et du jour où le débiteur désintéresse son créancier, de même que celui-ci ne peut plus saisir ses biens, de même il ne peut être admis à exercer ses droits.

3° Il faut enfin que le débiteur refuse d'exercer l'action qui lui compète, et d'en procurer le bénéfice au créancier. Car, dans le cas contraire, le créancier n'aurait aucun intérêt à invoquer l'art. 1166.

4° La quatrième condition que nous proposerons d'admettre est la nécessité d'une subrogation judiciaire. En vain la jurisprudence enseigne-t-elle que le créancier est mandataire légal à l'effet d'exercer les droits de son débiteur, que ce mandat il le puise dans la loi (art. 1166). Nous répondons que la loi aussi donne au créancier impayé le droit de saisir les biens de son débiteur, et que cependant il ne peut user de ce droit sans s'y faire autoriser judiciairement. Or, s'il ne peut, de son chef et par la seule force de son mandat légal, saisir et faire vendre les biens du débiteur, pourquoi lui donner le pouvoir d'exercer *de plano* les droits et actions de ce même débiteur ? Ces droits et actions ne font-ils pas, comme ses biens, partie de son patrimoine ? Et si de son propre chef un créancier ne peut s'attaquer à ceux-ci, quelle raison de lui permettre d'exercer ceux-là ?

Tels sont les motifs qui nous engagent à nous ranger au système de la doctrine. On en déduit d'importantes conséquences : la subrogation judiciaire signifiée au débiteur et au tiers dont il est créancier leur fait perdre, au premier la faculté de disposer de son droit, au second celle de se libérer entre les mains de son créancier. Toutefois, le bénéfice né de l'action exercée du chef du débiteur par l'un de ses créanciers n'appartient pas exclusivement à ce créancier. La loi veut qu'on le partage au marc-le-franc entre les créanciers qui se présentent à temps, à moins qu'il n'existe entre eux quelque cause de préférence (art. 2093).

Cette disposition met en évidence le principe que nous avons invoqué au commencement de cette première partie de notre étude, à savoir que le patrimoine du débiteur est le gage commun de tous ses créanciers.

DEUXIÈME PARTIE

II

DE L'ACTION PAULIENNE EN MATIÈRE CIVILE.

CHAPITRE I.

Fondement et nature de l'action Paulienne.

Pour connaître le fondement de l'action révocatoire, rappelons-nous les principes indiqués au commencement de notre travail. Le patrimoine du débiteur, avons-nous dit, est le gage commun de tous ses créanciers. Si celui-ci compromet ce gage, soit en laissant diminuer son patrimoine, soit en négligeant de l'augmenter, l'art. 1166 confère à ses créanciers la faculté de le sauvegarder en exerçant les droits et actions de leur débiteur. Si maintenant le débiteur diminue ou détruit ce même patrimoine par des actes frauduleux, préjudiciables à ses créanciers, et cela il peut évidemment le faire, puisqu'en n'exigeant pas d'hypothèque, les créanciers chirographaires ont laissé intacte dans sa main la faculté de disposer soit à titre gratuit, soit à titre onéreux, l'art. 1167 vient au secours de ceux-ci. Il leur permet de faire annuler ces actes qui auront eu pour résultat de détruire ou d'amoindrir leur gage, d'occasionner ou tout au moins d'aggraver l'insolvabilité du débiteur. Les tiers contre lesquels ils agiront ne seront pas fondés à se plaindre qu'on leur enlève le bénéfice du contrat qu'ils auront consenti, car d'une part ils ne doivent pas s'enrichir aux dépens d'autrui ; de l'autre, et ce motif n'a trait qu'aux cas où ils seraient eux-mêmes *concii fraudis*, ils ont commis une faute en contractant dans de pareilles conditions.

Nous avons indiqué plus haut que les rédacteurs du Code avaient présenté l'art. 1167 comme une dérogation au principe que les conventions ne nuisent pas aux tiers. Ce serait au contraire une application même du principe, comme nous l'avons encore dit, car nous voyons ici des créanciers armés du droit de faire annuler les actes qui leur préjudicient ; mais les deux hypothèses n'ont rien de commun. L'art 1165 se borne à décider que l'on ne peut pas être obligé par le fait d'autrui. Il n'édicte pas en principe, qu'un débiteur n'est pas capable de faire un acte qui préjudicie à un créancier, et la preuve c'est qu'il ne suffit pas, pour faire annuler l'acte, du simple préjudice.

On est loin d'être d'accord sur la véritable nature de l'action révocatoire. La question ne présente d'intérêt qu'autant que le débiteur a aliéné un droit réel ; il s'agit de savoir à quelles conditions et jusqu'à quel point elle peut être intentée contre les tiers acquéreurs. Nous réservons donc l'examen de cette question jusqu'au moment où nous traiterons la question de savoir contre qui procède l'action Paulienne.

CHAPITRE II·

A quelles conditions et à quels actes s'applique l'action révocatoire.

§ 1·

A quelles conditions?

Les conditions exigées pour l'exercice de l'action Paulienne sont :

1° Un préjudice causé : *eventùs damni ;*

2° L'intention de causer ce préjudice ou plutôt la conscience de causer ce préjudice, c'est-à-dire la fraude : *fraus, consilium.*

1° L'action révocatoire n'étant qu'une action subsidiaire accordée aux créanciers qui ont souffert des actes faits par leur débiteur, on conçoit que la première condition apportée à son exercice soit le préjudice, *eventus damni.* Il faut donc que, par ses manœuvres, le débiteur ait lésé les droits de ses créanciers, qu'il se soit mis dans l'impossibilité de remplir les obligations contractées envers eux, en un mot qu'il ait détruit ou tout au moins amoindri son patrimoine de façon à rendre le gage de ses créanciers purement illusoire. Ainsi il y a préjudice pour le créancier, toutes les fois que le débiteur, déjà insolvable, angmente par des actes frauduleux cette insolvabilité. Il y a, *à fortiori*, préjudice, lorsque le débiteur solvable se met, par ses actes, hors d'état de satisfaire ses créanciers... Mais si, au moment où s'est accompli l'acte qui porte préjudice à ses créanciers, le débiteur était encore solvable, les créanciers ne pourront se plaindre quoique cet acte ait en fait appauvri le patrimoine du débiteur. Ils ne pourront pas se plaindre, car leurs intérêts étaient alors garantis par un gage suffisant. De même, les créanciers postérieurs à l'acte qui a porté pré-

— 23 —

udice ne pourront l'attaquer en vertu de la Paulienne, car ce n'est que du jour de leur créance que date leur droit de gage sur les biens du débiteur. Les actes accomplis par celui-ci avant cette époque ne les concernent en aucune façon.

2° *Fraude*. — L'article 1167 exige formellement que l'acte qui lèse les créanciers soit fait en fraude de leurs droits. Qu'est-ce donc que la fraude? C'est, chez l'aliénateur, la connaissance de son insolvabilité, sans qu'il soit nécessaire d'ailleurs qu'il ait, en accomplissant l'acte, l'intention de préjudicier à ses créanciers. C'est chez le tiers contractant également la connaissance qu'il a eue de l'insolvabilité du débiteur.

§ 2.

A quels actes s'applique la Paulienne?

Nous venons de voir ce qu'il faut entendre par le mot fraude. Si maintenant nous nous demandons chez qui doit exister la fraude, nous aurons recours, pour répondre à cette question, à une distinction entre deux classes d'actes : 1° Actes à titre onéreux ; 2° actes à titre gratuit.

Dans les premiers, on exige la fraude et chez le débiteur et chez le tiers contractant.

Dans les seconds, il suffit que le débiteur seul soit coupable de fraude.

Ces solutions ne sont pas formellement édictées par le Code ; mais elles étaient admises en droit romain, dans notre ancienne jurisprudence ; et les termes de notre article 1167 lui-même, s'ils ne les consacrent pas expressément, sont loin de les repousser. Elles sont du reste universellement adoptées, et les raisons par lesquelles on les justifie, nous semblent très-plausibles. Si, dit-on, au cas d'aliénation à titre gratuit, l'action Paulienne atteint l'acquéreur même de bonne foi, c'est que celui-ci ne souffre en réalité aucun détriment, il cesse seulement de s'enrichir aux dépens d'autrui, tandis que les créanciers de l'aliénateur éprouvent un véritable préjudice. Ceux-ci, *certant de damno vitando,* et celui-là seulement, *pro lucro captando.* Dans une pareille situation, le donataire devait évidemment céder le bénéfice du contrat à ceux qui en avaient souffert. Quant à l'acquéreur à titre onéreux, on peut dire qu'il se trouve dans une position égale à celle du créancier : tous deux en effet *certant de damno vitando.* Aussi exige-t-on dans ce cas la complicité de fraude: il faut que l'acquéreur ait été *conscius fraudis.*

Au reste, si la fraude n'est pas nécessaire pour que les créanciers puissent agir contre l'acquéreur à titre gratuit, il n'est pas inutile de savoir s'il a ou non participé à la fraude. Dans le premier cas, en effet, il pourra être poursuivi pour le tout, et devra les fruits qu'il a perçus; il pourra même, s'il y a lieu, être condamné à des dommages-intérêts. Dans le second cas, au contraire, il sera traité comme un possesseur de bonne foi, c'est-à-dire qu'il fera les fruits siens, comme un possesseur de bonne foi. Quant aux impenses qu'il aura faites sur et pour la chose, il faudra, croyons-nous, distinguer si elles sont : 1° purement voluptuaires, 2° nécessaires, 3° utiles. Les premières restent à la charge de celui qui les a faites sans qu'il lui soit dû aucune indemnité. Les secondes, au contraire, doivent toujours être remboursées. Enfin, pour les impenses utiles, nous pensons qu'il faut appliquer ici, en les généralisant, les règles de l'art. 555, et décider que le donataire aura droit, au choix des créanciers, soit au remboursement de ses impenses, soit à une somme égale à celle de la plus-value qui en est résultée.

Nous devons maintenant entrer dans le détail des actes compris dans chacune de ces deux grandes catégories, et examiner lesquels parmi eux tombent sous l'application de la Paulienne. Nous allons passer en revue trois genres d'actes :

1° Les aliénations,

2° Les renonciations,

3° Les obligations.

1° ALIÉNATIONS. — Ici nous ne trouvons guère qu'une question qui puisse être controversée. Les donations à cause de mariage doivent-elles être considérées comme des actes à titre onéreux ? Ici, selon nous, il faut distinguer. Et pour rendre plus nette la question, faisons d'abord l'hypothèse.

Une femme reçoit, en vue de son mariage, une donation de la part de l'un de ses ascendants. Entre cette femme et le donateur, l'acte qui s'est passé est évidemment à titre gratuit. En effet, nous trouvons bien ici le caractère distinctif des actes de cette nature : une personne qui donne, l'autre qui reçoit sans rien donner en échange. Mais entre le donateur et le conjoint de la femme, l'acte conserve-t-il son caractère de libéralité, n'est-ce pas plutôt un acte à titre onéreux ? Nous embrassons sans hésiter cette dernière idée. Sans doute, le mari profitera de la donation faite à sa femme, et il est vrai, dans un certain sens, que la libéralité lui a été faite à lui aussi bien qu'à sa femme. Mais, en échange de cette libéralité, le mari prend à sa charge tous les soins du ménage, l'engagement de faire vivre et d'entretenir sa famille. Les charges du mariage, voilà ce qu'il s'impose en échange de la libéralité reçue. Et il est bien vrai de dire que les donations de cette nature ne sont faites que pour aider le mari à supporter les charges du mariage, car le droit romain disait formellement : *In maritum autem qui ignoravit non dandam actionem, quum is indotatam non ducisset uxorem.* Quant aux donations entre époux, elles tombent sous l'application des principes généraux de la Paulienne, qu'elles aient été faites soit par contrat de mariage, soit durant le mariage.

RENONCIATIONS. — I. *Renonciation à une succession.* L'action Paulienne est évidemment admise contre la renonciation à une succession avantageuse frauduleusement faite par le débiteur. Ici, les créanciers usent des deux droits qui leur sont conférés par les art. 1166 et 1167.

D'abord ils peuvent demander l'annulation de la renonciation en vertu de l'art. 1167, ou bien, invoquant l'art. 1166, ils peuvent exercer le droit que leur débiteur avait aliéné, celui de se porter héritier. On suppose, dans ce dernier cas, que la succession n'a pas encore été acceptée par un autre. Au reste, l'art. 788 est formel. Mais, pour exercer leurs droits, les créanciers doivent ici se faire autoriser par la justice à accepter la succession aux lieu et place de leur débiteur. Et, dans ce cas, l'on accorde aux tribunaux un certain pouvoir d'appréciation. Ainsi ils auront à examiner si la succession est réellement bonne, si la renonciation du débiteur est partant frauduleuse et préjudiciable. Il importe ici de faire observer que les créanciers ne deviennent point héritiers par suite de l'acceptation de la succession. Ils n'ont accepté qu'au nom de leur débiteur, et dès qu'ils sont désintéressés, le surplus des biens successoraux appartient au débiteur, comme il est dit encore dans l'art. 788 précité.

II. *Renonciation à un usufruit.* — La loi ici encore est formelle. Les créanciers (dit l'article 622) ont le droit de faire annuler la renonciation à un usufruit faite en fraude de leurs droits par le débiteur. Et si la renonciation était à titre gratuit. comme elle ne serait parfaite qu'autant qu'elle serait acceptée, nous ferions observer ici qu'au cas où l'acceptation n'aurait pas encore eu lieu, les créanciers pourraient se prévaloir de l'art. 1166, et exercer le droit de leur débiteur.

III. *Renonciation à la communauté.* — Nous ne trouvons ici rien de dérogatoire aux principes du droit commun.

IV. *Renonciation à une prescription acquise.* — « Les créanciers, dit l'art. 2225, ou toute personne ayant intérêt à ce que la prescription soit acquise, peuvent l'opposer, encore que le débiteur y renonce. »

Nous établirons d'abord les deux propositions suivantes : 1° Si le débiteur n'oppose pas la prescription, ses créanciers peuvent l'opposer ; 2° Si le débiteur y renonce, ses créanciers peuvent faire rescinder cette renonciation d'après le droit commun. Et maintenant nous disons que la seule question discutée a été celle-ci : le droit d'invoquer la prescription est-il de ceux attachés à la personne ? Pour le démontrer, on argumente des paroles de M. Bigot-Préameneu : « Ce serait une erreur de croire, dit-il, que la prescription n'a d'effet qu'autant qu'elle est opposée par celui qui a prescrit, et que c'est au profit de ce dernier une faculté personnelle. » Et plus loin encore : « La conséquence est que les créanciers peuvent opposer la libération, bien que le débiteur ou le propriétaire y renonce. » Nous retombons donc sous l'empire du droit commun de l'art. 1167.

Il nous reste à examiner la question de savoir si, quand les créanciers veulent faire révoquer une renonciation du débiteur, ils doivent démontrer la fraude et le préjudice, ou simplement prouver le préjudice. Cette difficulté a donné lieu à trois systèmes :

Dans une première opinion, on soutient que la preuve du préjudice est toujours suffisante, à la condition toutefois que la renonciation soit faite à titre gratuit. Les créanciers, dit-on, doivent être préférés à celui qui n'est en réalité qu'un donataire.

M. Capmas a soutenu un système intermédiaire qui s'appuie surtout sur l'interprétation littérale des articles du Code. Ce qui fait, en effet, la difficulté, c'est que le texte des articles 788, 622 et 1053 ne semble exiger d'autre condition que le préjudice, tandis que les articles 1167 et 1464 semblent mettre à la charge des créanciers la preuve de la fraude. Ce système exige la preuve de la fraude dans les renonciations ordinaires ; mais il ne l'admet pas dans celles qui sont spécialement visées par les trois articles que nous citions tout-à-l'heure.

Enfin, une troisième opinion, qui nous paraît la mieux fondée, enseigne que la fraude est une condition nécessaire pour l'exercice de l'action Paulienne. Ce système s'appuie en premier lieu sur l'autorité du droit romain, autorité considérable, si l'on songe d'une part à l'origine de l'action Paulienne, et d'autre part au laconisme des rédacteurs du Code qui ne peut être suppléé que par l'étude des précédents.

Il est d'ailleurs impossible d'admettre une seule raison plausible qui permette de distinguer entre les diverses renonciations. Pourquoi, par exemple, traiter la renonciation à la communauté autrement que la renonciation à une succession? Ce qui est surtout d'un grand poids dans la question, c'est l'examen des travaux préparatoires.

Le projet de la commission de l'an VIII présentait deux dispositions qui correspondent à nos articles 622 et 788. Le tribunal de cassation avait une première fois proposé de les modifier en ce sens que le mot préjudice serait substitué au mot fraude. Cependant, la question fut renvoyée jusqu'au moment où l'on traiterait le siége même de la matière, c'est-à-dire jusqu'à la discussion de l'article 1167.

Un premier article fut présenté, qui semblait proscrire d'une manière générale l'action Paulienne, et ne l'admettait que comme une exception dans deux hypothèses déterminées. Le tribunal de cassation fit sur le projet de loi deux observations distinctes : il demanda en premier lieu que l'exercice de l'action Paulienne fût généralisé : en second lieu, que le simple préjudice suffît pour faire révoquer les renonciations du débiteur. Le Conseil d'Etat fit droit à la première réclamation, en adoptant la première partie du texte modifié; mais il est évident qu'il n'accepta point la seconde décision, puisque, dans l'art. 1167, il supprima la partie de l'article qui contenait l'opinion du tribunal de cassation.

3° *Obligations*. — D'après les principes généraux que nous connaissons, tout acte qui crée au débiteur déjà insolvable ou sur le point de l'être, de nouvelles dettes, doit évidemment tomber sous le coup de l'action révocatoire. « *Sive se obligavit creditorum fraudandorum causâ*, dit Ulpien, *palam est edictum locum habere*. Ainsi toutes les obligations de cette nature que pourrait contracter le débiteur sont susceptibles d'être annulées en vertu de l'action révocatoire. Mais ici encore il faut distinguer entre les actes à titre gratuit et les actes à titre onéreux, et appliquer les règles que nous avons émises plus haut.

Nous n'hésitons pas à croire qu'une acceptation frauduleuse d'une succession puisse être attaquée aussi légitimement qu'une renonciation. Une controverse s'était élevée dans notre ancien droit sur le point de savoir si les créanciers du débiteur avaient le droit de demander en pareil cas la séparation des patrimoines. Est venu l'art. 881 du Code civil qui a fait cesser toutes ces discussions. Les créanciers de l'héritier, dit-il, ne sont point admis à demander la séparation des patrimoines contre les créanciers de la succession. Mais il laisse entier le droit qu'ont les premiers de demander l'annulation de l'acceptation faite par leur débiteur.

Quant à l'acceptation de la communauté par la femme, il n'est pas douteux que les créanciers puissent la faire rescinder, quand la femme aura accepté avant d'avoir fait inventaire, car alors elle serait tenue, *ultra vires bonorum*, des dettes de la communauté. Et si, pour prévoir une hypothèse assez rare, la femme avait stipulé une clause de préciput en cas de renonciation à la communauté, et qu'elle acceptât pour décharger les créanciers de son mari de la restitution, nous croyons avec Pothier que les créanciers de cette femme peuvent faire rescinder son acceptation, en abandonnant la part qu'elle a dans la communauté.

Enfin, tombent sous le coup de l'action révocatoire tous autres actes, transactions, remises, main-levées, acquiescements. — Et si la fraude du débiteur avait consisté à laisser prononcer, de connivence avec ses adversaires, un jugement favorable à ceux-ci, ses créanciers auraient la tierce-opposition pour faire casser ce jugement. C'est alors qu'ils pourront se prévaloir d'un argument que nous avons présenté au commencement de ce travail : Nous sommes tiers par rapport à ces jugements et ils ne peuvent nous être opposés, diront-ils avec raison. Car s'il est vrai en principe qu'un débiteur représente les créanciers qui ont suivi sa foi, il est clair que ce débiteur devient leur adversaire au lieu d'être leur représentant quand il se laisse condamner pour leur nuire.

CHAPITRE III

1° Par qui — 2° Contre qui — 3° Dans quel délai s'exerce l'action Paulienne.

§ 1.

Par qui l'action Paulienne peut être exercée.

Tous les créanciers chirographaires ou hypothécaires, gagistes ou autres sont admis à exercer l'action révocatoire. La constitution d'une garantie n'est ni un motif d'exclusion ni une condition nécessaire pour l'exercice de cette action. Une seule chose est exigée : c'est que les créanciers soient antérieurs à l'acte attaqué. La raison en est simple : les actes du débiteur n'ont pas porté préjudice à ceux qui ne sont devenus ses créanciers qu'après leur accomplissement. Nous ne croyons pas, toutefois, que, pour la preuve de l'antériorité de leur créance, les créanciers soient astreints aux modes énumérés dans l'article 1328.

Mais *quid* des créanciers sous condition et des créanciers à terme ? Sur ces deux questions, nous répondons négativement. Sans doute l'article 1180 permet aux créanciers de faire tous actes conservatoires nécessaires à la sûreté de leur créance, mais les termes de cet article, quelque latitude qu'on leur donne, ne peuvent pas, selon nous, comprendre l'exercice de l'action Paulienne, qui est éminemment une mesure d'exécution. Du reste, ne faut-il pas que l'acte attaqué préjudicie aux créanciers ? Or, quand la dette est conditionnelle, on ne peut savoir quelle sera, à l'époque de son exigibilité, la solvabilité du débiteur. S'il est aujourd'hui insolvable, il peut, à l'époque de l'événement de la condition, se trouver en état de satisfaire tous ses créanciers.

Reste à traiter une question assez délicate.

Les créanciers postérieurs à l'acte attaqué, qui ne peuvent demander sa révocation, peuvent-ils profiter de cette révocation obtenue? Nous
tenons l'affirmative avec MM. Marcadé et Duranton. M. Duranton se
fonde sur ces deux idées, savoir : 1° que l'action Paulienne a pour
effet de faire rentrer les biens dans le patrimoine du débiteur ; 2° que
ces biens, une fois rentrés dans ce patrimoine. tous les créanciers y ont
forcément un droit égal, sauf le cas de priviléges et hypothèques, puisque la loi n'admet d'autre cause de préférence entre les créanciers. —
On voit que la seconde proposition découle nécessairement de la première et que partant on ne peut admettre l'une sans l'autre. Or, que
peut-on objecter contre notre première proposition? Des auteurs ont
soutenu que l'action Paulienne ne fait point rentrer les biens dans le
patrimoine du débiteur, que les créanciers n'ont qu'un droit de suite
résultant de leur gage, à l'effet de se faire payer sur les biens aliénés.
Mais à ceci nous répondrons que le gage ne confère point de droit de
suite par sa nature, et que s'il pouvait le conférer, ce serait unique-
ment pour le cas de fraude, puisque hors ce cas toutes les aliénations
du débiteur détruisent ou diminuent d'autant le gage de ses créanciers.
Or, il nous semble purement arbitraire d'affirmer que la circonstance
de fraude est susceptible de conférer au gage le droit de suite. D'ailleurs
la théorie que nous soutenons est en parfaite harmonie avec le droit
romain, et l'on sait que ce droit a été dans toute cette matière suivi
par notre jurisprudence française : *Si quis in fraudem creditorum rem
suam alicui tradiderit, etc., id est dicere eam rem traditam non esse;
et ob id in bonis debitoris mansisse.*

§ 2.

Contre qui procède l'action Paulienne?

La question de savoir contre qui procède l'action Paulienne est intimement liée à celle qui consiste à en connaître la véritable nature. Si l'action Paulienne est une action réelle, elle procédera contre les tiers détenteurs, toutes les fois que les conditions nécessaires pour qu'elle soit donnée se trouveront réunies. Les auteurs qui sont d'avis que l'action Paulienne n'est qu'une action personnelle, admettent cependant qu'elle peut procéder dans certains cas contre ceux qui ont traité avec le débiteur ; mais ils fondent alors l'action soit sur l'idée de complicité de la fraude, soit sur le principe que personne ne doit s'enrichir aux dépens d'autrui. Ils ne s'expliquent pas d'ailleurs sur le point de savoir si l'action Paulienne présenterait les autres caractères de l'action réelle ; ce qui importe cependant, et au point de vue de la compétence, et surtout au point de vue du droit de préférence attaché à l'action réelle.

Nous pensons qu'en principe l'action Paulienne est une action réelle ; et les deux caractères que nous venons d'énumérer nous paraissent sans aucun doute applicables à l'action révocatoire.

Reste à savoir contre qui elle procède. Pour résoudre la question, nous poserons ici plusieurs propositions :

1° L'action Paulienne procède contre le débiteur et ses héritiers ; elle procède également contre les acquéreurs de ses biens, sous les distinctions énumérées déjà.

2° Les sous-acquéreurs ne peuvent être inquiétés quand l'action ne procède pas contre le premier acquéreur. Ainsi celui qui tient son droit d'un acquéreur à titre onéreux qui a traité de bonne foi avec le débiteur, ne serait pas soumis à l'action révocatoire, alors qu'il serait lui-même un acquéreur à titre gratuit. Le sous-acquéreur, en effet, doit recevoir le droit tel qu'il se comportait dans les mains du premier acquéreur.

3° Quand le premier acquéreur est soumis à l'action Paulienne, le sous-acquéreur y est-il par cela même nécessairement soumis ? Nous pensons qu'il faut appliquer ici la distinction puisée dans le droit romain et que tout le monde accorde à celui qui traite avec le débiteur. Si le sous-acquéreur a acquis à titre gratuit, il sera soumis à l'action Paulienne sans qu'il soit besoin d'aucune autre condition. S'il a acquis à titre onéreux, il faudra établir la connaissance de la fraude.

Ce système s'appuie d'abord sur l'autorité de la tradition, considérable en notre matière, et à cause de l'origine de l'action Paulienne, et à cause du peu de développement des textes du Code. Il est du reste conforme au principe général admis ici. Quand les créanciers se trouvent en face d'un donataire, ils doivent être préférés, *quia certant de damno vitando*. Mais quand, au contraire, les créanciers agissent contre un acquéreur à titre onéreux, la loi ne les préfère qu'autant que l'acquéreur a eu connaissance de la fraude.

Ajoutons que tout ce que nous venons de dire des sous-acquéreurs s'appliquerait au concessionnaire de tout droit réel ou tout démembrement de propriété. Ainsi l'hypothèque consentie par le débiteur sera valable ou non, suivant la bonne ou mauvaise foi du créancier.

§ 3.

Durée de l'action Paulienne.

En droit romain, la durée de l'action Paulienne était l'année utile, dont la computation varia si souvent sous le Bas-Empire et que Justinien transforma en un délai fixe de quatre ans. La durée qu'elle doit avoir sous l'empire de notre Code a longtemps divisé les auteurs. Toullier disait qu'elle était laissée à l'arbitrage du juge. Duranton, appliquant l'art. 1304, la faisait durer dix années. Mais aujourd'hui tout le monde reconnaît avec M. Marcadé que l'art. 1304 n'a été écrit que pour les actions en nullité intentées par les parties contractantes, que dès lors l'action Paulienne reste soumise seulement à la règle générale de l'art. 2262, et doit durer trente ans, à compter de l'accomplissement de l'acte frauduleux.

CHAPITRE IV

Effets de l'action révocatoire.

L'action révocatoire a pour effet de replacer le bien aliéné par le débiteur dans le patrimoine dont il était sorti. Mais y rentre-t-il d'une manière absolue ? La question présente un double aspect :

En premier lieu, l'acte subsiste-t-il entre les parties contractantes ? Incontestablement oui. L'action révocatoire n'est introduite que dans l'intérêt des créanciers. Le tiers qui en a été la victime pourra donc se faire attribuer le reliquat disponible après le paiement des créanciers.

En second lieu, les créanciers postérieurs à l'acte attaqué qui ne peuvent en demander la révocation, peuvent-ils en profiter lorsqu'elle est prononcée ? Nous avons déjà répondu affirmativement à cette question.

Quant aux rapports des créanciers avec l'acquéreur, ils seront réglés par les principes du droit commun. Si le tiers était de bonne foi, il garde les fruits qu'il a fait siens, il les restitue au contraire s'il était de mauvaise foi (art. 549). En tous cas, les créanciers lui doivent compte des impenses nécessaires. En tous cas, il n'a droit qu'à l'enlèvement des impenses nécessaires, s'il est possible : *sine detrimento rei.* Quant aux impenses utiles, on suit les distinctions du droit commun déjà indiquées plus haut.

Si l'acquéreur a vendu la chose, il n'en doit que le prix s'il l'a reçue de bonne foi. Dans le cas contraire, il doit restituer le prix s'il est égal ou supérieur à la valeur de la chose. Si la chose a péri, il est en tous cas libéré par cas fortuit, et s'il est de bonne foi, il n'en doit jamais la valeur.

Enfin, nous n'hésiterons pas à lui accorder un recours contre le débiteur revenu à meilleure fortune dans l'hypothèse où il a désintéressé les créanciers. Il a évidemment payé la dette d'autrui : autrui doit donc l'indemniser. Ajoutons qu'aux termes de l'art. 788, le débiteur ne peut pas profiter de la révocation prononcée ; ici il en profiterait.

II

DE L'ACTION RÉVOCATOIRE EN MATIÈRE COMMERCIALE.

NOTIONS GÉNÉRALES

Aux termes de l'art. 1167 du Code Napoléon, les créanciers peuvent, en leur nom personnel, attaquer les actes faits par leur débiteur en fraude de leurs droits. C'est une règle de droit commun que la législation des faillites a eu pour but d'étendre dans les cas qu'elle a prévus, bien loin de la restreindre à aucune circonstance. On conçoit en effet que si un créancier a le droit d'attaquer les actes frauduleux faits par son débiteur non commerçant, le même droit doit appartenir aux créanciers d'un commerçant mis en faillite, car les droits qu'il a passés, soit avant la cessation des paiements, soit avant le jugement déclaratif, ne sauraient être à l'abri de tout reproche de la part des créanciers. Le tiers avec lequel le débiteur a contracté est alors soumis à l'action en rapport, action fort pratique dans les faillites. Le législateur, du reste, accorde plus facilement l'exercice de l'action Paulienne en matière commerciale qu'en matière civile. Nous voyons en effet les art. 446 et suivants annuler des actes que le droit commun de l'art. 1167 laisserait debout. De plus, le débiteur commerçant est toujours présumé connaître sa situation pécuniaire, on sait que pour cela la loi commerciale le force à tenir des livres. Il ne pourrait donc alléguer l'ignorance de sa position sans faire preuve d'une négligence condamnable ou d'une intention frauduleuse encore plus coupable. Notons enfin que la révocation opérée profite à toute la masse.

Tous les actes faits par le failli, postérieurement au jugement déclaratif de la faillite, sont nuls de plein droit, car l'effet de ce jugement est de dessaisir le failli de l'administration de son patrimoine. Mais la loi distingue, relativement aux actes accomplis depuis la cessation des paiements, deux espèces de nullités : celles de l'art. 446 et celles de l'art. 447. La raison de cette distinction se trouve dans la nature des actes dont le caractère a paru plus ou moins suspect au législateur.

Ainsi tous les actes énumérés dans l'article 446 sont nuls de plein droit, par cela seul qu'ils ont été accomplis non pas seulement depuis la cessation des paiements, mais dans les dix jours qui l'ont précédée; sans que l'on ait à rechercher si le tiers contractant a eu ou non connaissance de la cessation des paiements. Quand nous disons que ces actes sont nuls de droit, nous entendons que la nullité est impérative, c'est-à-dire que le tribunal doit toujours la prononcer. Quant aux actes énumérés dans l'art. 447, au contraire, la nullité en est facultative, la complicité du tiers contractant est exigée ; et l'on se place à l'époque de la cessation des paiements. Quant aux actes passés par le failli depuis le jugement déclaratif, nous avons admis qu'ils sont nuls sans distinction et sans condition (art. 443).

Voyons maintenant les principaux actes que peut faire le failli, et demandons-nous quel en sera le sort.

§ 1.

Actes translatifs de propriété et générateurs d'obligations.

Parmi les actes dont l'art. 446 prononce la nullité se trouvent au premier rang : les actes translatifs de propriété mobilière et immobilière à titre gratuit. Bien que cet article ne parle que de translations de propriété, nous croyons que la nullité qu'il prononce s'applique à tous les actes à titre gratuit. Car la raison qui justifie sa disposition ne souffre pas de distinction : la loi ne peut évidemment pas permettre à celui qui doit sans pouvoir payer, de faire des libéralités frustratoires pour ses créanciers. Quant aux donations en faveur de mariage, la Cour de cassation a décidé qu'elles devaient être considérées comme actes à titre gratuit pour l'enfant doté, comme actes à titre onéreux au contraire pour le conjoint de cet enfant. C'est le système que nous avons embrassé en matière civile.

Les créanciers qui veulent attaquer un acte à titre gratuit n'ont, hors le cas précédent, qu'une chose à prouver : l'époque de la passation de cet acte. A-t-il été fait dans les dix jours qui ont précédé la cessation des paiements, il est nul de droit. S'il a été accompli avant cette époque, la loi commerciale ne lui est plus applicable : il retombe sous l'empire du droit commun de l'art. 1167, et ne peut être annulé qu'en cas de fraude du débiteur.

Mais si maintenant nous nous plaçons en face d'un acte à titre onéreux, la situation change. La nullité de droit de l'art. 446 ne peut plus s'appliquer rigoureusement ici. Nous tombons sous l'empire de l'art. 447, qui nous dit : « Tous autres actes à titre onéreux passés par le failli après la cessation de ses paiements et avant le jugement déclaratif pourront être annulés, si, de la part de ceux qui ont traité avec le failli, ils ont eu lieu avec connaissance de la cessation des paiements. Il faut donc ici la complicité de fraude de la part du tiers contractant. Pourquoi? Parce que les actes de cette nature n'ont pas semblé au législateur devoir être aussi nuisibles aux créanciers que les précédents. Dans une vente, par exemple, les créanciers ne trouveront-ils pas dans l'actif de leur débiteur une somme représentative de la valeur du bien par lui aliéné? — Enfin, si l'acte a été accompli avant la cessation des paiements, les créanciers peuvent encore recourir au droit commun de l'art. 1167, sous les conditions exigées pour l'exercice de l'action Paulienne.

Quant à la question de savoir si un sous-acquéreur pourra être inquiété par les créanciers du failli, nous renvoyons aux solutions que nous avons données en droit civil. Dans les deux cas, en effet, il y a même raison de décider.

§ 2

Des paiements faits par le failli.

L'article 446 prévoit deux hypothèses :
1° Le failli a payé une dette non échue.
2° La dette acquittée était échue.

Supposons d'abord qu'il ait payé une dette non échue. Ce paiement est nul de plein droit; l'art. 446 est on ne peut plus formel à cet égard. En effet, quel but peut avoir le failli en agissant ainsi? Pas d'autre que celui d'avantager tel de ses créanciers au détriment de la masse, de créer arbitrairement et avec injustice une préférence pour celui-ci et un préjudice pour les autres. Aussi, de quelque manière qu'ait été fait un semblable paiement, la loi en prononce la nullité. L'art. 446, après avoir énuméré les divers modes de libération, a soin d'ajouter *ou autrement*, disant par là que la loi entend n'exclure aucun mode, quel qu'il soit. Ainsi sont nuls: tous paiements effectués soit en espèces, ce qui est le mode le plus ordinaire, soit par transport et vente, en cédant à son créancier une créance qu'il a sur un tiers, soit enfin par compensation, c'est-à-dire que le failli ne peut opérer aucune compensation conventionnelle, renoncer, par exemple, au bénéfice du terme, et consentir à compenser une dette exigible avec une dette qui ne l'est pas.

2° *La dette acquittée était échue.* Il semble *à priori* que ce paiement doit être valable. En droit commun, en effet, il le serait : le créancier payé n'a fait que recouvrer son bien : *suum recepit.* Cependant la loi distingue : «Oui, dit-elle, ce paiement sera valable s'il a été fait en espèces ou effets de commerce, *more mercatorum.* Il sera valable parce que le créancier qui a reçu son argent ou son équivalent en effets de commerce, n'a pu reconnaître à ce mode de paiement si ordinaire le mauvais état des affaires de son débiteur. Il a reçu de bonne foi ce qui lui était dû, et l'art. 2247, qui exige des tiers la connaissance de la cessation des paiements, régit ici la situation. Mais si le paiement a été fait de toute autre manière qu'en espèces ou effets de commerce, la loi, dans l'art. 446, en prononce la nullité. Elle ne veut pas qu'un créancier reçoive en paiement de son débiteur ses marchandises, ses meubles, ses bijoux. Cette *datio in solutum* ne peut en effet être acceptée de bonne foi; le tiers qui la reçoit devient par là même *conscius fraudis*, il collude avec le failli pour frustrer les autres créanciers. Aussi la loi commerciale s'oppose-t-elle avec raison à la validité d'un semblable paiement.

Nous plaçons ici l'explication de l'art. 449. Il vise le cas où une lettre de change ou un billet à ordre auraient été payés par le tiré ou le souscripteur depuis la cessation de ses paiements, et avant le jugement déclaratif de la faillite. Anciennement, le Code ne distinguait pas entre ce paiement d'effets de commerce et les paiements ordinaires. Ce n'est qu'en 1838 que des principes nouveaux ont été établis à ce sujet, principes auxquels on ne saurait trop applaudir, puisqu'ils assurent par leur équité l'intérêt du commerce et la sûreté des négociations commerciales. Le rapporteur, M. Tripier, disait à la Chambre des pairs : « Lorsqu'une somme aura été illégalement payée par le débiteur postérieurement à sa faillite, elle devra être apportée à la masse par le créancier qui l'aura reçue : voilà la règle générale. Cette obligation devra-t-elle s'étendre aux tiers porteurs d'effets de commerce? Ces titres sont une sorte de monnaie dont il ne faut pas altérer la valeur. Les porteurs à l'échéance sont dans la nécessité de recevoir le paiement ou de faire constater le refus par un protêt. Si le paiement est effectué, le protêt ne peut être fait, et sans le protêt pas de recours contre le tireur et les endosseurs. On ne pourrait admettre sans injustice une règle qui leur enlèverait en même temps les valeurs qu'ils ont reçues et leur recours contre les endosseurs. Ils ont été dans la nécessité de recevoir, ils conserveront le paiement. Mais il a été reçu à la décharge d'un précédent obligé, ce sera contre celui-ci que l'action en rapport devra être dirigée. »

On voit par ces derniers mots que le tireur seul, quand il s'agit d'une lettre de change, reste soumis à l'action en rapport, l'art. 449 en effet le déclare expressément. La raison en est simple. Le tireur n'est-il pas celui qui, en cas de protêt, fût demeuré soumis à l'action du porteur? Ne s'est-il pas constitué par l'émission du titre le garant du tiré? Celui-ci, en effectuant le paiement, l'a donc déchargé de son obligation, il l'a libéré; mais comme cette libération ne peut être faite au préjudice de la masse des créanciers, le tireur leur en doit compte, et c'est pour cela que la loi le soumet à l'action en rapport. Toutefois, une condition est exigée : il faut que le tireur ait eu connaissance de la cessation des paiements du tiré. A quelle époque? A l'époque de l'émission du titre, nous dit la loi. M. Dalloz pense que cette garantie accordée à la masse des créanciers est souvent illusoire, puisqu'elle n'est accordée qu'autant que l'on prouve que le tireur connaissait la cessation des paiements à l'époque de l'émission du titre, et qu'en fait le contraire sera le plus démontré. Il y avait, ajoute le même auteur, d'autres moyens tout aussi efficaces pour mettre à l'abri le porteur du titre,

Quoi qu'il en soit, la loi est formelle. Sans doute, l'intérêt légitime qu'inspire la position du porteur n'a pas été le seul motif qui ait dicté au législateur l'article 449. Ce que l'on a voulu surtout établir, c'est le principe qui valide tout paiement d'un effet de commerce et le rend irrévocable : l'intérêt du commerce, la sûreté des négociations exigeaient que le porteur qui a reçu ne fût pas obligé de restituer.

Ce que nous venons de dire du tireur s'applique aussi au donneur d'ordre. Quand une lettre de change est tirée pour le compte d'autrui, le véritable auteur de l'opération est évidemment le donneur d'ordre. Il joue réellement le rôle d'un mandant, l'autre, le tireur pour compte, n'est que son mandataire. C'est donc sur le premier que tombe toute la responsabilité de l'opération, partant lui seul doit être soumis à l'action en rapport. Aussi c'est à dessein que la loi s'est servie de ces expressions : celui pour le compte duquel la lettre de change aura été fournie.

Quid maintenant d'un billet à ordre? La loi nous répond que l'action ne pourra être exercée que contre le premier endosseur. Et par premier endosseur il faut entendre ici celui qui le premier a cédé le titre et en a touché le prix. La corrélation de cette disposition avec la précédente est évidente. Dans le billet à ordre, le premier endosseur joue le rôle du tireur et le souscripteur celui du tiré. Comme le tireur cède une créance sur le tiré, le premier endosseur cède une créance sur le souscripteur. Tous les deux sont garants du paiement : ils doivent tous les deux être soumis à l'action en rapport, mais à la même condition, c'est-à-dire que le premier endosseur doit avoir eu connaissance de la cessation des paiements, à l'époque de l'émission du titre. Or, quelle est l'époque de l'émission d'un billet à ordre? C'est le moment où il a été endossé, c'est à ce moment seulement que l'endosseur en reçoit la valeur, c'est le moment où l'on peut dire de lui qu'il l'émet.

§ 3.

Constitutions et inscriptions de sûretés réelles.

L'art. 446 ne nous parle que des sûretés réelles constituées après coup, c'est-à-dire postérieurement à la passation de l'acte qu'elles ont pour objet de garantir. Que faut-il décider des hypothèques et autres droits réels constitués en même temps que l'acte? Ici évidemment rien n'indique un concert frauduleux du débiteur avec le créancier : car prendre une hypothèque, par exemple, est une chose toute naturelle, une simple mesure de prudence que la loi elle-même met à la disposition des créanciers. Aussi tout le monde convient que les sûretés ainsi constituées le sont valablement, pourvu que l'acte principal soit lui-même valable. C'est ici le lieu d'appliquer la maxime : *Accessorium sequitur principale.* Au nombre des sûretés réelles, nous comprenons le gage, l'antichrèse, l'hypothèque et le privilége.

Si maintenant nous supposons que les sûretés réelles ont été consenties postérieurement à l'acte principal, nous tombons sous l'application de l'art. 446, qui prononce formellement leur nullité. Ici, en effet, tout démontre chez le débiteur l'intention évidente de favoriser, de concert avec lui, tel créancier au préjudice de la masse. Pourquoi, en effet, le créancier qui avait d'abord suivi avec confiance la foi de son débiteur, songe-t-il après coup à se faire donner une sûreté? Evidemment parce qu'il connaît l'insolvabilité de son cocontractant, et en prenant hypothèque ou telle autre sûreté réelle, il cherche à se faire constituer un avantage sur les autres créanciers. Or, en matière de faillite, la loi pose en principe formel l'égalité la plus parfaite entre tous les créanciers, principe qui serait complètement violé si de semblables droits réels pouvaient être ainsi constitués. Quant au privilége et à l'hypothèque légale, ils ne tomberont jamais sous l'application de l'art. 446, car ils naissent toujours *in conti nenti*, en même temps que la créance.

2° *Inscriptions de sûretés réelles*. — Nous arrivons à l'explication de l'art. 448. Nous savons que l'inscription des priviléges et hypothèques est exigée. Reste à savoir à quelle époque, en matière de faillite, cette inscription peut être valablement prise. Tout d'abord, nous disons que si cette inscription n'est prise que postérieurement au jugement déclaratif, elle est nécessairement et dans tous les cas annulée. Le jugement déclaratif produit un effet absolu : il arrête et fixe d'une manière définitive la condition des créanciers. A partir de cette époque, leurs droits ne peuvent plus être modifiés par quelque cause que ce soit.

Mais si l'inscription a été prise dans les dix jours qui ont précédé la cessation des paiements, que faut-il décider? Ici la loi use de distinctions: s'est-il écoulé plus de quinze jours entre la date de l'acte constitutif du privilége ou de l'hypothèque et celle de l'inscription, l'art. 448 prononce la nullité. Mais tant que les quinze jours ne sont pas expirés, l'inscription peut être prise. La raison de cette distinction se conçoit. « Le législateur a pensé, disait le rapporteur, que si l'inscription était retardée, il y aurait moyen de ménager à un débiteur commerçant un crédit apparent, mensonger, propre à induire les tiers en erreur sur sa véritable situation. On a donc senti la nécessité d'ajouter, relativement à la publicité des hypothèques, une disposition spéciale qui ne permet pas à un débiteur au-dessous de ses affaires de conserver un crédit apparent par la complaisance que pourraient mettre les prêteurs à retarder l'inscription jusqu'à la veille, jusqu'au jour même du jugement déclaratif. » L'art. 448 a pourvu à cette nécessité. Si le délai de quinze jours qu'il donne s'est écoulé, les inscriptions prises dans les dix jours qui ont précédé la cessation des paiements pourront être annulées. On pourra donc remonter jusqu'au dixième jour avant la cessation des paiements; c'est un point de ressemblance avec l'art. 447. Au contraire, nous voyons une divergence avec ce même article dans ces derniers mots : pourront être annulées.

L'article 447 prononce une nullité impérative, la nullité de l'art. 448 n'est que facultative et laissée au pouvoir discrétionnaire des tribunaux. C'est qu'en effet le retard apporté à la prise de l'inscription peut s'expliquer par des motifs qui excluent toute idée de fraude et de connivence coupable. Le créancier peut alléguer justement un cas fortuit ou de force majeure, enfin un motif sérieux d'empêchement, et le législateur pensant que les juges pouvaient seuls sagement apprécier ces éventualités, les a laissées avec raison à leur arbitrage.

Enfin, nous croyons que, pour l'annulation de l'inscription, la connaissance de la cessation des paiements doit exister chez le créancier. Les articles 447 et 448 nous semblent, vu la grande analogie de leurs termes, régis par les mêmes principes.

Nous touchons aux difficultés du sujet :

1° Supposons d'abord un cohéritier partageant, débiteur d'une soulte garantie par un privilége et venant à tomber en faillite. Le créancier copartageant va-t-il pouvoir inscrire, s'il est encore bien entendu dans le délai de soixante jours du Code Napoléon, soit après le jugement déclaratif, soit après la cessation des paiements ?

Voici sur ce point notre solution. Il ne peut plus inscrire après le jugement déclaratif de faillite. Le jugement déclaratif immobilise définitivement la situation, et elle ne peut plus dès lors recevoir aucune modification.

Mais, selon nous, il pourra inscrire après la cessation des paiements tant qu'il n'aura pas laissé écouler ce délai de soixante jours que lui accorde la loi. Et en effet, sur quoi se fonde l'art. 448 ? Sur la faute du créancier négligent qui n'a pas révélé aux tiers le droit réel dont il était investi.

Or, peut-on reprocher quelque chose au copartageant créancier ?

Non, puisque la loi lui accorde un délai de soixante jours, il n'est pas en faute d'avoir usé d'un bénéfice que la loi lui conférait.

2° L'art. 448 ne parle que de l'inscription des priviléges et hypothèques. Il y a cependant d'autres actes soumis à une certaine publicité. Les cessions de créance et les aliénations d'immeubles, soit à titre gratuit, soit à titre onéreux. Distinguons avec soin les deux époques, le jugement déclaratif et la cessation des paiements.

D'abord plaçons-nous à l'époque qui suit le jugement déclaratif. Pour les cessions de créance et les donations immobilières, nous déciderons qu'il ne sera plus possible aux donataires et aux cessionnaires d'effectuer utilement les formalités qu'ils ont négligé d'exécuter. Tous les tiers intéressés peuvent opposer le défaut de ces formalités, et nous croyons que les créanciers même chirographaires sont compris dans les termes de l'art. 1690 comme dans ceux de l'art. 941. Notre solution se justifie donc d'après les principes du droit commun. Mais pour les ventes d'immeubles, la solution nous paraît très-différente. Aux termes de l'art. 3 de la loi du 23 mars 1855, ceux-là seuls peuvent opposer le défaut de transcription qui ont des droits sur l'immeuble. La masse a-t-elle des droits réels sur les immeubles du failli? Là est toute la question. Mettons d'abord de côté, comme ne présentant pas de difficulté, le cas où elle aurait fait inscrire son hypothèque avant la transcription. Elle a alors un droit réel qu'elle a acquis et conservé en se conformant aux lois. Mais *quid* en dehors de cette hypothèse? On a soutenu qu'il devait encore en être de même, et pour démontrer que la masse avait un droit réel, on s'est appuyé sur cette idée que le failli ne pouvait plus aliéner ses immeubles. Mais cela est loin d'être décisif, cette impossibilité provient tout simplement de l'incapacité du failli.

Si maintenant nous nous reportons après la cessation des paiements, nous déciderons sans distinguer qu'il y aura toujours moyen d'effectuer les formalités qui n'ont pas encore été accomplies. L'art. 448 est un texte exceptionnel qu'il faut restreindre aux seuls cas qu'il prévoit, parce qu'il édicte une présomption de fraude. Il faut donc se garder de l'étendre, et il ne parle que de l'inscription des priviléges et hypothèques.

3° Le créancier hypothécaire, en inscrivant l'hypothèque, garantit avec le capital de la créance l'année courante et deux années d'intérêt ; mais pour garantir les autres, il lui faut une autre inscription. Or, si la faillite suspend, à l'égard des autres créanciers, le cours des intérêts contre le failli, elle ne le suspend pas à l'égard des créanciers hypothécaires ou antichrésistes. Mais il semble qu'aux termes de l'art. 448 il ne va pas pouvoir prendre inscription, comment résoudre ce problème?

Nous rejetons d'abord la solution proposée par un arrêt de la Cour de cassation du 10 août 1847, qui lui permet de réclamer les intérêts, mais en qualité de créancier chirographaire. Nous le repoussons par ce dilemme: ou il doit être considéré comme créancier hypothécaire, et alors il doit avoir un droit de préférence ; ou il doit être considéré comme créancier purement chirographaire et alors il n'a pas droit aux intérêts du tout.

Entre ces deux partis extrêmes, le premier nous semble de beaucoup préférable. Le second est d'abord d'une extrême rigueur pour le créancier. Puis les motifs de l'art. 448 ne s'appliquent pas. Il est naturel en cette hypothèse que le créancier n'ait pas inscrit. Cela pouvait même lui être impossible pour plus de trois années. Enfin, la faillite laisse en général complétement intacte la situation des créanciers hypothécaires. Ce système a été consacré par un arrêt de la Cour de cassation du 20 février 1850.

QUESTIONS CONTROVERSÉES

DROIT ROMAIN.

1° Les lois 25, § 4, *quæ in fraudem*, et la loi 10, *eodem titulo*, peuvent se concilier.

2° L'action Paulienne *in rem* est antérieure au droit de Justinien.

DROIT FRANÇAIS.

1° Les créanciers peuvent-ils faire révoquer la renonciation faite par le père à l'usufruit légal? Non.

2° Quand les créanciers veulent exercer les droits et actions de leur débiteur, doivent-ils obtenir une subrogation judiciaire? Oui.

3° Les droits que l'article 1166 qualifie d'attachés à la personne sont ceux qui présentent à la fois un caractère moral et pécuniaire.

4° Pour les renonciations à titre gratuit, les créanciers doivent démontrer à la fois la fraude et le préjudice.

5° Les créanciers postérieurs à l'acte attaqué peuvent profiter de la révocation obtenue par les créanciers antérieurs.

6° L'action directe accordée aux ouvriers par l'article 1798, est privilégiée.

DROIT COMMERCIAL.

1° Le tiers acquéreur à titre onéreux peut transcrire après le jugement déclaratif de faillite, mais il en est différemment du donataire.

2° Depuis la cessation des paiements, le débiteur reçoit une somme d'un de ses créanciers chirographaires, et lui consent une hypothèque pour garantir à la fois la nouvelle et l'ancienne créance. Selon nous l'hypothèque est nulle pour l'ancienne créance, et peut être valable pour la nouvelle.

DROIT PÉNAL.

L'action publique et l'action civile se prescrivent par le même délai.

DROIT ADMINISTRATIF.

En matière d'expropriation pour cause d'utilité publique, les locataires peuvent invoquer les baux n'ayant pas date certaine.

R. BIZEUL.

Vu pour l'impression ·

Le Doyen,
Ed. BODIN.

Rennes, T. Hauvespre, imp.-lib., rue Impériale, 4, et rue de Viarmes, 11.